문워크 [moonwalk]

김덕남 시조집

목언예헌

문워크 [moonwalk]

지은이 · 김덕남
펴낸이 · 민병도
펴낸곳 · 목언예원

초판 인쇄 : 2025년 7월 15일
초판 발행 : 2025년 7월 20일

목언예원
출판등록 : 2003년 2월 28일 제8호
경북 청도군 금천면 선바위길 53 (신지2리 390-2)
전화 : 054-371-3544 (팩스겸용)
E-mail : mbdo@daum.net

ISBN 979-11-93276-26-6 03810

이 책은 서울특별시, 서울문화재단 '2025년 창작집 발간지원 사업'의 지원을 받아 발간되었습니다.
저자와의 협의에 의해 인지를 생략합니다.

값 12,000원

문워크 [moonwalk]

김덕남 시조집

목언예해

■ 시조로 하는 말

땡볕과 작달비에
맨몸을 드러내듯

일월이 불을 지펴
과일을 익혀내듯

세상의
죽비를 향해
종아리를 걷는다

2025년 7월
김덕남

CONTENTS

문워크 [moonwalk]

PART 00 | 시조로 하는 말 • 5

PART 01 | 호두 속 순례 • 11

- 001 긴꼬리딱새, 날개를 접을 때 • 13
- 002 문워크 [moonwalk] • 14
- 003 달을 안고 사는 여자 • 15
- 004 피아노 계단 • 16
- 005 호두 속 순례 • 17
- 006 고공 농성 • 18
- 007 쥐 • 19
- 008 내 혈액형은 나비야 • 20
- 009 푸른 입술 • 21
- 010 풍장 • 22
- 011 실버 택배 • 23
- 012 풋 • 24
- 013 달빛 샤워 • 25
- 014 작약 앞에서 • 26

— 김덕남 시조집

PART 02 | **유리창나비** • 27

001 곳간의 쥐구멍 • 29

002 접속시대 • 30

003 유리창나비 • 31

004 쇳물과 청춘 • 32

005 꽃싸움 • 33

006 거울 속 여자 • 34

007 수련과 물잠자리 • 35

008 시인 증후군 • 36

009 앵콜 • 37

010 장항리 오층석탑 • 38

011 신 놀부전新㐉夫傳 • 39

012 레테강 • 40

013 아내를 모자로 착각한 남자 • 41

014 공룡알 • 42

PART 03 | **그림자 아이** • 43

   001 우이도 • 45

   002 달방 찾습니다 • 46

   003 외뿔 • 47

   004 고려동 사람들 • 48

   005 콩타작 • 49

   006 찔레꽃 • 50

   007 내시경 • 51

   008 모던보이, 임화 • 52

   009 그림자 아이 • 53

   010 화산곡 줌 인 [zoom in] • 54

   011 라떼는 말야 • 55

   012 살구 • 56

   013 '뭄타즈'의 눈물 • 57

   014 외상 • 58

PART 04 | **바람집** • 59

    001 거북, 건널목을 건너다 • 61

    002 낭화浪花 • 62

    003 도둑비 • 63

    004 할매부처 이야기 • 64

    005 배위配位 • 65

    006 슬로우 슬로우 퀵 퀵 • 66

    007 바람집 • 67

    008 풍등 • 68

    009 소금쟁이 • 69

    010 셀프 부고장 • 70

    011 바람으로 흩어지면 • 71

    012 커튼콜 • 72

    013 스토킹 • 73

    014 잠자리 • 74

    015 12월 • 75

PART 05 | **슬픔의 잔량** • 77

    001 갠지스강 • 79

    002 녹야원에서 무릎 꿇다 • 80

    003 이슬 • 81

    004 룸비니로 가는 길 • 82

    005 거푸집 • 83

    006 제3땅굴 • 84

    007 침묵 • 85

    008 DMZ를 부탁해 • 86

    009 슬픔의 잔량 • 87

    010 손가락 셋, 경례! • 88

    011 리틀 판다 • 89

    012 바나나 • 90

    013 박쥐 순례기 • 91

    014 박쥐를 내보내고 • 92

    015 박제된 시詩 • 93

PART 06 | **작품 해설** • 95

호두 속 순례

긴꼬리딱새, 날개를 접을 때

퉁퉁 부은 발등에 새끼를 올린 저녁
펼친 날개 반쯤 접어 빗줄기 막아냈다
까만 눈 밤을 밝히며, 심지 꼿꼿 세우며

뼛속을 비워내고 왔던 길 돌아갈 때
입안이 무겁다며 틀니도 빼버리자
척추 속 가득한 바람 저리도록 시렸다

꼬리만 깐닥깐닥 숨소리 잦아들고
울대도 굳어버려 침묵이 싸늘한 밤
새끼들 오종종 모여 부의금을 세었다

문워크 [moonwalk]

껍질 벗은 날개들이 앞을 가듯 뒤로 간다
한 뼘의 유혹으로 발바닥 미끌리며
쿵 쿵쿵 심장을 돌려
꿈을 밟는 스텝 스텝

작열하는 일탈이다, 꽃들의 반란이다
쓰리 디 영상 속을 거꾸로 들어가듯
골반의 지느러미로
크로스 크로스 퀵! 퀵!

중력을 거부하고 달빛 속 유영하듯
바닥을 몰아치면 절망도 날아가지
마법의 뒤꿈치 들고
별을 찾아 댄스 댄스

달을 안고 사는 여자

몽울진 왼 가슴에 메스날 지나갔다
봉긋한 바른쪽도 통째로 도려내어
정답던 가슴과 가슴 이별 없이 보냈다

젖 돌던 찌릿함이 궁벽에 닿았는가
휑하니 바람 일어 털려버린 곳간 속
생쥐가 쏠고 있는지 환상통을 앓는다

다시는 뼈저릴 일 넘어질 일 없을 거라
텅 빈 달을 안고 갈비뼈에 찍은 낙관
은입사 무늬로 새긴 몸의 내력 읽는다

피아노 계단

시간의 음계가 발밑에서 솟는다

한 걸음 터치하면 미로를 탐색하듯

어둑한 새벽을 딛고 인턴들이 달린다

두 걸음 내디디면 역광에 눈이 찔려

어버버 살아가다 오금이 저려와도

사리와 조금 사이로 달 하나를 품는다

고래등 올라타려 인파를 헤쳐간다

앞태도 뒤태도 반음계 올린 하루

발끝을 힘껏 내밀어 문고리를 당긴다

호두 속 순례

껍질 속 알맹이는 주름 겹겹 미로이다
이마엽 솔방울샘 기억을 퍼올리며
한평생 잠들지 않는 꿈속 길을 걷는다

굳어진 마음 바닥 균열이 일어나면
흰 물살 소용돌이 뇌수가 파랑 친다
까맣게 잊혀진 행간 갈피갈피 밀려와

밤중도 하얀 밤중 별똥별이 날아든다
눈물샘 동동 뜨다 가슴샘 찰랑이면
호두 속 별빛을 켜고 그리움을 건진다

고공 농성

겨울 달 뚫고 가는 기러기의 붓끝이다

독필禿筆이듯 갈필渴筆이듯 격문을 내흔들며

한 발도 물러설 수 없다

굴뚝 위의 머리띠

쥐

초침을 갉아먹는 오밤중 쥐 한 마리
손가락 침을 발라 콧등을 톡톡 친다
쥐뿔도 중뿔도 없이 뻣뻣해진 종아리

미지에 닿으려나 검색창 두드린다
문장을 다듬는 손 모니터에 눈을 꽂고
꽃문 앞 오체투지로 마우스를 당긴다

클릭도 스크롤도 밤을 깔고 누웠다
어둠 타고 찾아오는 내 몸은 적산가옥
까만 눈 살살 굴리며 나를 갉아 먹는다

내 혈액형은 나비야

은반 위 날갯짓은 암호의 메시지야

난바다 물살 헤쳐 기억 밖을 엿보다

포르릉 고요를 깔고 발끝에 힘을 주지

점프든 스핀이든 내 몸은 회오리야

대롱 끝 더듬이로 그리움에 불을 켜다

빙판에 몰아치는 해일, 그 끝에서 춤을 추지

푸른 입술

다 헐은 보트 하나 파도에 출렁인다
부표도 등대도 없는 캄캄한 바다 복판
물집이 터질 때마다 소금물이 덮친다

꿈을 놓친 푸른 입술 허기를 물고 있다
첨버덩 울음 하나 별똥별로 떨어져도
혼신의 생을 저으면 슬픔 너머 닿을까

움푹한 동공에는 달빛이 소복하다
턱밑에 부서지는 물살에도 꽃이 피듯
한 끼니 정찬을 찾아 시리아를 넘는다

풍장

연습 없이 뛰어드는 낙화암 궁녀처럼

후드득 추락하는 빗방울 후렴처럼

몸엣것 밖으로 밀어 꽃보라를 이룬다

혼곤한 봄빛 속에 마음자리 훌훌 털고

한 잎 한 잎 날아가는 깃털 같은 목숨 본다

손끝도 댈 수 없는 봄, 만첩홍매 난분분

실버 택배

어깨를 짓누르는 수신처가 빽빽하다
빌딩에 잘려버린 달빛을 짊어지고
싸늘한 삼각김밥을 꾸역꾸역 밀어 넣는

늦봄을 배달하다 꽃그늘에도 허리 숙여
헛디딘 시간들이 지문을 지워간다
불끈 쥔 낡은 주먹을 들었다 다시 놓고

아파트 불빛들이 따로, 홀로 벽을 쳐도
숨 한 번 고를 새 없이 삭은 몸을 지피다
입 벌린 밑창을 끌며 발의 설움 달랜다

풋

뒷면을 돌려보다 길 밖에 길을 찾다

향기를 잡겠다고 바람을 따라간 날

씨앗을 날려버렸네

'풋'이 자꾸 달아나네

달빛 샤워

뽀송송 물이 올라 하마 터질 듯 말 듯
봉긋한 앞섶자락 첫 소식 오나보다
귓불이 심장에 닿아 볼그스레 젖는다

탱탱한 시절에는 세상을 떠받치듯
와이어로 추켜올린 꽃봉이 도도했지
삼월의 환한 틈새로 쟁쟁한 별이 뜨고

속살이 간지러웠나, 꽃잎을 벗고 있네
옅은 밤 달빛으로 샤워를 하나보다
숨이 헉, 멈추는 자리 돌아보는 목련꽃

작약 앞에서

코끝을 스치는 듯 양볼에 스미는 듯
당신의 한숨처럼 가슴에 물이 든다
한 종지 고명을 얹어
꽃망울은 피는데

이슬을 톡톡 튕겨 향낭을 터뜨리다
눈길 한 번 삐끗 놓쳐 사랑까지 놓쳐버려
오월의 손톱 속으로
초승달은 지는데

꽃잎에 먹을 갈면 속마음 전해질까
지워진 길은 멀고 생이별은 더욱 멀어
한 천년 꽃잎이 진다
이마 위에 뚝, 뚝, 뚝 …

유리창나비

곳간의 쥐구멍
―도산서원 고직사庫直舍를 보며

구멍을 막지 마라, 생명의 길인 것을

밥이란 목숨 위한 천부의 권리거늘

한 구멍 내어 주는 건 곳간을 지키는 길

서 생원 묘 선생도 드나드는 구멍이다

누 떼가 내달리듯 사자 갈기 휘날리듯

굶주린 벼랑 앞에선 저마다 생을 걸지

접속시대

접촉은 금물이다
우리가 될 때까지

꼬리를 싹 감추고
원격으로 은밀하게

우리를
벗어나라고!

당신을 클릭한다

유리창나비

신기루 아른아른 유리창에 내비치는
풋풋한 꽃망울이 하이힐 신고 오네
첫 출근 구름 위 걷듯 연두처럼 설렜지

사방에서 날아오는 눈총도 총인 것을
지문이 풀려버려 손가락 지워져도
병 안의 나를 꺼내려 사다리를 그렸지

문고리에 목을 매는 바람을 따라갈까
시린 밤 외사랑에 돌아서 가슴 졸인
투명한 날개를 펼쳐 유리천장 뚫는다

쇳물과 청춘

펄펄 끓는 쇳물은 제소리를 못 듣는다

불꽃을 견뎌내야 울음의 집이 되듯

천천히 식어가면서 종소리를 얻는다

꽃불을 쏘아올린 청춘은 펄펄 뛴다

눈보라 맞고서야 나이테가 자라나듯

한평생 자신을 담을 그릇으로 꽃핀다

꽃싸움

귀신을 속이지 나를 속여! 어림없지
아나 여깄다 이거나 묵고 떨어져라
니들이 암만 그래싸도 씨도둑은 못 잡지

청단 홍단 그기 뭐라꼬, 모지리 허깨비지
쭉데기도 모으면 재산이고 말고 안 글나?
흑싸리 모다 묶어봐라, 동네 영감 다 쓸어온다

할매요! 똥광을 그리 던지면 우짭니꺼?
요새는 광을 잡아야 아파트 산다니까요
일없어! 뻬까뻔쩍하던 그 양반도 감옥 갔어!

거울 속 여자

나에게서 도망친 또 다른 내가 있다

연록의 색안경에 빨간 루주 진주목걸이

까맣게 염색하고도 듬성듬성 속이 빈

밤낮 밀어 올려도 주르르 미끄러지는

뒷굽에 힘줄수록 절뚝이는 비탈길에

큰소리 질러보아도 듣지 못한 내가 있다

수련과 물잠자리

들끓는 칠월의 빛 고요 속 가득하다
연못가 주저앉아 물그림자 마주한다
수면 위 졸고 있는 꽃, 내 졸음을 포갠다

모네의 화폭인 양 스며드는 빛과 색
비린 향 물빛 따라 꽃잎이 몸을 열면
청람빛 겹눈에 비친 물방울이 아슬하다

대칭으로 날아올라 딱 멈춘 푸른 시간
둥글게 한 몸이 된 아찔한 저 꽁무니
수줍게 오므린 꽃봉, 꽃대가 꼿꼿하다

시인 증후군

굶주린 꿈을 찾는 사바나의 눈빛이다
실오리 벗어던진 무녀의 칼춤이다
자꾸만 빠져들어가다 비문 속에 갇히는

휘리릭 입술 모아 주술을 걸어놓고
닫힌 문 열어보려 북채를 휘두르다
제 이마 제가 찍고는 흘린 피로 분 바르는

골방에 똬리 틀고 맹독에 취해 울다
열병에 불 끼얹고 신열을 다스리는
내 안에 물구나무서며 천리 밖을 떠돈다

앵콜

고시에 합격했나?
현수막이 춤을 춘다

이팝꽃 흐드러진
동네 어귀 높다랗게

이장네
며느님께서
공주님을 보셨다고

장항리 오층석탑

살과 뼈 부서진 채 푸른 밤 견디었네

대종천 큰물 따라 구르고 엎어지다

절 떠난 산허리 짚고 별빛 층층 내린다

한 소절 부르지 못한 '생사는 예 있으매'*

바람의 파동 따라 맥이 뛰는 소쩍소쩍

밤새운 월명의 노래 탑 끝에서 맴돈다

부릅뜬 금강역사 불끈 쥔 주먹 피해

문고리 살짝 당겨 누이야! 불러보면

북받친 천년 울음을 탑 속에서 맞는다

*월명사의 제망매가 중에서

신 놀부전 新놀夫傳

내 것이 내 것이고 네 것도 내 것이라
한 다리 치켜들다 또 한 다리 말뚝 박지
신도시 단물 빼먹고 꽃놀이로 건배하는

봉인도 뜯지 않은 손안의 알짜 정보
머리통 굴려보랴 곳간 하나 더 만들랴
수치나 염치 나부랭이 허영이고 사치지

신검의 허를 찔러 변검으로 맞불 놓는
걸신이 저러할까 온 산천 들쑤시는
짜릿한 손끝의 땅 맛, 판돈 거는 타짜들

레테강

몽유의 레테강에 발목이 잠겼는가
암컷에 잡아먹히는 수컷 사마귀처럼
환상통 오르가즘이 뇌를 집어삼킨다

쪼글해진 기억들이 토막토막 나뒹굴다
해거름 뒤안으로 물동이 내리붓듯
날마다 이름 하나씩 떠내려가고 있다

난파된 기억 찾아 한 울음 엎지르다
의문과 질문 사이 죽지를 파닥여도
온몸의 색과 색들이 물결치며 흘러간다

아내를 모자로 착각한 남자*

가슴 속 울고 있는 나를 꺼내야 해요
숨통은 죄어오고 마음은 녹아내려요
유리병 뚜껑을 열고 슬픔을 주워 담아요

윙크를 하였는데 애꾸가 되었어요
잃어버린 눈을 찾아 외출을 해야 해요
아내의 머리를 당겨 모자처럼 쓰고요

돌았다고? 착란이라고?
감금하지 마세요
간 쓸개 다 주어도 영혼은 찾을래요
당신도 초대할게요, 비밀리에 오세요

*올리버 색스의 저서 『아내를 모자로 착각한 남자』에서 제목
 차용

공룡알

가을걷이 들판에 공룡이 지나간다

볏짚을 돌돌 말아 하얗게 밀봉하면

껍질 속 숨결을 불어 백악기를 낳는다

그림자 아이

03

우이도
—정약전 유배지에서

신우대 빽빽한 밭 돌담에 버려져도
바람이 잠시 앉아 귀 기울여 듣고 있다
서학은 적이 아니라 벗이라던 그 말씀

살점을 떼어내는 멸문을 버티느라
몸으로 칼을 받던 모래바람 언덕바지
목울대 차오르는 울음, 누르지를 못했나

붓끝이 물을 뚫어 필사하듯 새김하듯
사리와 조금 따라 점묘화로 밀려오는
저 어보魚譜 방점을 찍는다
물비린내 스치는

달방 찾습니다

달방이 어디 없나 전봇대를 살피다가

부르튼 발 절룩이며 둥지 찾듯 발품 팔아

가파른 언덕의 종점, 숨가쁘게 올라요

아궁이에 불을 지펴 꽃물을 데울까요

따끈한 물 끼얹어 마음 얼룩 싹싹 씻고

문고리 살짝 당겨요, 달이 먼저 들어가요

외뿔

보호막 하나 없이 무리를 떠났단다
풍악 너머 개골산봉 그 어디쯤 눕고 싶어
상처를 혀로 핥으며 먼먼 산을 보았지

문장 하나 부여잡고 미열을 쏟아내다
내 안에 나를 가둔 먹울음이 서러워
허기진 시구에 묻혀 뿔 하나를 심었지

바람 앞 거품 같은 아픈 꽃 바라보며
오독과 난독 사이 외뿔로 날 찌르는
따끔한 감시자가 된, 시 앞에 홀로 섰지

고려동* 사람들

돌아갈 곳이 없다, 문조차 열 수 없다
은둔의 살얼음 위 죽은 불씨 살려내듯
담장을 국경 삼아서 새 왕조와 담쌓던

금지된 목울음이 골기와 굴러내려
암호를 타전하나 옹당이에 떨어진다
숨소리 발소리에도 눈빛을 주고받으며

그 꽃을 밟지마라, 선혈을 밟지마라
빈 하늘 개밥바라기 별빛을 잃어가도
등 굽은 배롱은 피어 묵언 한 필 토한다

*경남 함안군 산인면 고려동, 고려말 두문동 72현 중 한 분인 모은茅隱 이오李午 선생이 띠집을 짓고 은거하기 시작하여 후손들이 대대로 살아온 곳이다

콩타작
—숙맥일기

뭇매로 난타당한
꼬투리가 탁 터졌다

촉새의 말참견에
직박구리 쥐어박듯

통 통 통
천지사방으로
처방전이 굴러간다

찔레꽃

언덕 위 찔레꽃이 피를 쏟아 창백하다

제 몸을 빠져나온 물컹한 탯줄 잡고

얼은 봄, 꽃이 피려나 가윗날이 떨렸다

가늘게 터지는 울음, 뭉클한 꽃비린내

깊은숨 들이켜다 기진해 쓰러지는

찔레꽃, 하얀 찔레꽃 달빛 젖은 어머니

내시경

처녀지 탐험하듯 내 안을 구경한다

구불구불 협곡 지나 홀로 견딘 먼 구석

볼록한 울음주머니 글썽이고 있었다

연분홍 꽃봉오리 종으로 매달렸다

발걸음 걸음마다 댕그랑 울었을까

귀 멀어 듣지 못한 채 동침하고 있었다

모던보이, 임화

보름달 뜨지 않는 종로에 그가 섰다
막다른 벽 앞에서 길 하나 뚫어내듯
펜촉을 곧추세워서
붉은 시를 뽑았지

이념을 훔치려다 예술을 잠재웠나
삐라와 벽보 사이 자화상을 덧칠하며
모던한 세상을 찾아
종로바닥 도망친

그 여윈 손끝으로 죽창을 들지마라
파란을 겨누다 만장에 빠진 그대
돌아올 종로는 없다
밤을 잃은 이곳엔

그림자 아이

흰빛과 검은빛이 동시에 찾아왔죠

한 모금 젖을 찾아 입술을 내밀던 날

눈 한번 뜨지 못하고 어둠 속에 갇혔죠

팔딱이는 꽃심장이 급냉동 되었어요

비닐 속 꽁꽁 묶인 동태와 함께지요

누구도 볼 수 없지만 그림자는 남아요

화산곡 줌 인 [zoom in]

얼음새꽃

만리 길 헤맸던가, 살얼음 디뎠던가
해뜰녘 몸을 열다 망막에 얼비치는
렌즈와 눈맞춤하네, 입술 살짝 열고서

변산바람꽃

꽃새암 잎새암도 여린 바람 타고 온다
살짝 뜬 꽃눈 위로 구르는 눈석임물
눈두덩 간지럽힌다, 하늘하늘 배냇짓

노루귀꽃

깊은 잠 헤쳐나온 노루발이 돌아간다
잔설을 빼꼼 열고 햇살을 촘촘 박아
덧대는 한 올 한 땀이 바늘귀를 열고 있다

라떼는 말야

예전엔 말이야, 할배의 장광설에
아 또 시작이네 보릿고개 넘어가네
새벽종 그만 울려요
삽질 좀 작작 해요

BTS도 모르면서 모바일도 못 하면서
집값은 왜 올려요? 일자리 하나 없이
결혼이 장난이냐고요?
댕댕이나 키울래요

청바지 찢는다고 겨울이 여름 되냐?
자리를 양보할 줄 아나, 국기를 달 줄 아나
뭐 라떼! 니들이 세상을 알아?
물색없이 사는 것들

살구

신방을 엿보는 떠꺼머리 붉은 입술

앗! 하고 터지는 향내의 파동 따라

돌기가 송송 돋는다

온몸이 새구랍다

'뭄타즈'의 눈물
–타지마할

야무나 물을 건너 돌꽃궁전 들어간다
아잔도 소용없고 경배도 필요 없는
새하얀 영혼을 만나 심장소리 주고받는

직녀성 바라보는 견우성이 저러할까
안드로메다 자세로 성소를 우러르면
세상이 답할 수 없는 불가사의 있었지

사랑에 갇혀버린 '샤 자한'의 텅 빈 밤낮
"영원의 얼굴 위에 떨어진 눈물 한 방울"*
돌꽃방 들어선 사내, 눈물 곁에 누웠네

*인도 무굴왕조 '샤 자한'왕과 세 번째 왕비 '뭄타즈 마할'의
 무덤인 타지마할을 보고 '타고르'가 남긴 말

외상

소원을 빌었네, 오체투지 절을 했네

시주함 앞에 서서 빈 주머니 탈탈 털다

민망한 뒷걸음치며 외상입니다, 부처님!

그래그래 웃으시며 그 소원 다 들어주마

댕그랑 풍경 울고 뻐꾹소리 주고받자

화들짝 눈뜬 부처님, 나도 오늘 외상이야!

바람집

거북, 건널목을 건너다

뉘 집 수족관서 도망쳤나, 거북 한 마리
잃어버린 길을 찾아 건널목 건너시네
저 저 저! 달려오는 차
아찔아찔 스친다

머리를 쏙 넣고는 죽은 척 꼼짝않네
등딱지 검푸른 무늬, 바다가 일렁거려
엉겁결 모자를 벗어 보쌈하듯 모셨지

하구에 놓아주며 잘 가라 손 흔든다
갑골 속 파랑 치는 맨발의 젖은 포복
만발한 물이랑 넘어
사무치게 그가 간다

낭화浪花
―이태원

너와 나 손을 잡고 꽃길을 걷자 했지
연붉은 너의 향기 뿌리지도 못했잖아
숨막힌 새파란 목소리 뚝 뚝 끊겨 버리다니

해일로 밀려오다 가슴골 짓눌려도
신발을 벗지마라 그 손을 놓지마라
초롱한 너의 눈망울 내 눈 속에 있잖니

피기도 전 끝나버린 죄 없는 나의 꽃아
너 간 길 따라가다 피울음 꾹꾹 받혀
온밤을 엎지르다가 거먹구름 쏟다가

도둑비

발끝을 골라 딛는 밤손님의 행차시다

뒤꿈치 살짝 드는 물낯의 소금쟁이다

온 세상 탈탈 털어서

날 훔치러 오는 너

할매부처* 이야기

할매요! 달빛이 참 곱고 부드러버요
천년을 벌서듯이 두건은 와 썼능교?
누구를 기다린다고
망부석 되었능교?

내사 마 자리 펴고 할매 옆에 누웠심더
뭇별이 귀 세우고 하늘 문 열었심더
풀벌레 울음 다 쏟고
달이 질라캐요, 네!

영묘사 문앞에서 지귀가 날 기다렸지
불을 품은 그 가슴에 얹어둔 황금 팔찌
달 둘레 끼워 놓았네
달무리듯 맴놀이듯

*보물 제198호 경주불곡마애여래좌상

배위配位

엄마를 밀어넣고 불속에 밀어넣고
쪽유리 저 너머로 시린 생이 불붙는다
저렇듯 눈을 감고도 훤히 보고 떠나는

진흙길 푹푹 빠져 발자국은 깊었어도
타닥타닥 불꽃 튕긴 붉은 입술 반달눈썹
별빛을 따라나서네 하얗게 날아가네

땡볕도 눈바람도 꼿꼿이 견뎌내며
동작동 현충원서 빗돌로 기다리는
볼 붉은 지아비 품속 첫날처럼 수줍다

슬로우 슬로우 퀵 퀵

보름달 떠오르면 스텝을 밟고 싶다
들끓다 얼었다를 반복하는 너와 나
잡을 듯 잡지 못하는
손과 손이 아프다

짙푸른 녹음 앞에 금단의 선을 넘던
몹시도 몸이 달아 꽃 속에 얼굴 묻던
어쩌다 돌아섰는가
말의 비수 품고서

성성한 눈썹 아래 거짓 같은 일흔 해를
봄날의 스텝으로 물 찬 제비 리듬으로
슬로우 슬로우 퀵 퀵!
남과 북을 돈다면

바람집

숨구멍만 모여 사는 갯벌에 세 들었네
천천히 뱉어내는 여자의 구음처럼
한사코 기다리다 지친 엄마의 자궁처럼

햇덩이 움키려다 데어버린 청상인가
울멍울멍 해거름녘 손으로 기어가다
토해도 토해지지 않은 그림자를 끌면서

바르르 몸을 떨며 더듬이를 꺼내던
새하얀 미망인들 달빛 서로 나누며
바람의 낙서를 읽네, 멍든 삶을 말리네

풍등

허공을 밀어가며 새의 깃에 닿고 싶다

귀 터진 한 생각이 회오리로 일어서면

한바탕 내 안의 소리 북을 치며 울릴까

바람이 부는 족족 허물을 벗고 싶다

텅 빈 몸 그 속으로 깃 하나 떨군다면

높푸른 당신 슬하에 가 닿을 수 있을까

소금쟁이

열 길 물위 걸어도 한 길 네게 닿지 못해

물 한 방울 묻지 않는 맨발로 획을 긋는다

지워도 지우지 못한 명치 끝의 첫사랑

셀프 부고장

메아리 울려오듯 카톡이 울고 있네

은유로 주고받은 안부의 행간들이

서늘한 시간 밖으로 씻은 듯이 간다네

낙화처럼 날려보낸 봄날의 엷은 미소

행여나 그대 간 곳 어둡고 외로울까

눈물 괸 생을 감춘 채 꽃등 환히 켜 든다

바람으로 흩어지면

아득한 창문에서 꽃봉이 떨어진다
자신을 놓아버린 바닥은 냉골이다
하늘 숲 헤쳐가려나 별 하나 꿈틀한다

햇살 든 물방울이 네 몸에 스며들어
해맑은 너의 웃음 발그레 피어날 때
은사시 팔랑이던 꿈 윤슬처럼 설렜지

너를 놓친 나뭇가지 뼈울음 울고 있다
무심한 불티 되어 바람으로 흩어지면
네 숨결 내게 닿을까, 알아볼 수 있을까

커튼콜

밀랍 같은 얼굴에서 얼음물이 흐른다
꽃으로 둘러싸여 영원으로 지고 있는
없는 날 없는 달이다, 해독 없는 꽃이다

몰약을 먹여볼까, 양귀비를 먹여볼까
밤마다 귓불 잡고 간질이던 깔깔 웃음
어느 끝 쫓고 있느냐, 잡을 수가 없구나

장대비 쏟아붓는 창밖은 숯덩이다
네 번호 누르면 예~ 하고 달려올
부르르 떨고 있는 폰, 널 부르고 있는데

스토킹

그림자 뒤에 숨어 따라오지 말아요
뇌의 피가 역류하듯 하늘이 쏟아져요
귓속말 마른침 마냥 딸꾹딸꾹 거려요

마네킹 얼굴빛으로 날 보지 말아요
긴 어둠 덮어버릴 안개꽃 살살 피워
내 뒤를 들여다보는 그 미소가 섬찟해요

바스락 소리에도 머리가 쭈뼛해요
등뼈를 타고 내리며 초침이 움직여요
신당역 시시티비가 재생되고 있어요

잠자리

밤마다 찾아드는 우물보다 깊은 고독

텅 빈 채 기다리는 네모 속 골판지다

웅크려 집어넣는 몸, 지하도의 빈 박스

12월

십이간지 마디마디 꽃불을 쏘아올렸다
화르르 헛꽃들이 백지에 타올랐다
문자에 저당 잡혔나 손가락이 부었다

십진법을 외면하고 이진법에 매달리다
날 홀린 문장들이 그물코로 빠져나가
허울만 따라가려다 놓쳐버린 밑그림

오독과 난독 사이 맹독을 들이마셔
맹탕만 끓이다 언술 하나 못 건지고
삭제된 각시놀음에 피박 쓰듯 손을 턴다

슬픔의 잔량

갠지스강
―바라나시 1

산산조각 깨어진 나, 산산조각 흩어졌다

엉겁결 발을 들고 갈 곳 몰라 서성이다

자욱한 안개 속으로 갠지스를 굽어본다

깨어진 얼굴 위로 떠내려가는 기도들

소용돌이 까르마가 나를 덮쳐 오는 날

꽃불의 간절함마저 재가 되어 떠 간다

녹야원에서 무릎 꿇다
―바라나시 2

사슴뜰 울려퍼진 첫 음성 듣습니다
사방으로 퍼져가다 심방을 두드리는
헐벗은 영혼 자락에 방울 하나 답니다

귀 열어 당신 말씀 전율로 다가오는
눈 열어 저 높은 곳 심연에 파문 이는
떨림은 눈동자 싸고 물결치며 흐릅니다

숲에서 걸어나와 생의 근원 찾아가신
거룩한 발자국을 한 발 한 발 따라가며
한소끔 끓는 심처에 눈부처를 심습니다

이슬
—부다가야 마하보디 대탑

뉘신 지, 날 부르며 별을 안고 아롱이는

어둠 속 길 잃을까 천 개의 눈을 뜨는

아득한 기억 밖에서 나를 향해 반짝이는

눈시울 굴러내려 가슴에 맺혀 있는

살여울로 부서지다 은하로 흘러가는

눈 한번 감는 사이에 그렇게 왔다 가는

룸비니로 가는 길
―네팔

당신이 오실 길에 옷을 벗어 깔게요

긴 머리 모두 풀면 사뿐 밟고 오세요

마음눈 환히 뜨고자 발끝으로 갑니다

수미산 머릴 베고 바다에 발을 뻗쳐

해와 달 나눠 쥐고 불새로 오는 당신

보랏빛 연꽃 송이를 무릎 아래 바칩니다

거푸집
―쿠시나가르 열반당

육신의 문을 열자 살별이 날아온다

산란한 별빛으로 카스트를 불사를 때

저 환한 기쁨을 꿰어 인드라로 비춘다

천둥도 잠재우고 번개도 눈 감기고

찰나에서 영겁으로 꽁지별이 스쳐가듯

광배로 뿜어나온 빛 해탈교를 건넌다

제3땅굴

절망을 파내려간 죄 없는 피붙이들

제 안에 똬리 트는 호리병 속 뱀처럼

제 꼬리 물고 있는가, 볕뉘 한 줌 엿보며

침묵
―장사상륙작전*

배후를 공격하라, 낙동강이 불붙는다
적을 교란시켜 죽기로 사수하라
상관의 명령 하나로 문산호에 오르던

피로 물든 까까머리 볼 붉은 소년들아
방아쇠에 손을 건 조국이란 이름 앞에
모랫벌 손가락 굽혀 써 내려간 엄마, 엄마~

물떼새가 읽고 있네, 울면서 읽고 있네
절명시 한 줄 없이 침묵에 갇혀버린
스스로 과녁이 되어 꽃으로 진 아들아!

*1950. 9. 14. 영덕 장사리에서 학도병 772명이 문산호를
 타고 상륙작전을 펴 적의 눈·귀를 집중시킨 뒤 그 이튿날
 인천상륙작전이 성공리에 이루어졌다

DMZ를 부탁해

비무장 뒤에 숨어 낱낱이 살피는 눈
완전무장 선을 따라 조마조마 꽃이 핀다
진혼의 아픈 빗방울 환청처럼 마시며

녹슨 철모 틈 사이로 원추리꽃 번을 선다
분분히 피다 지는 낭자한 향에 취해
몸 앓는 벌 나비 떼가 투항하듯 백기 들고

어제는 잊고 싶어 내일은 잃지 않을래
왜가리 외발로도 오늘을 지켜섰다
고요로 우거진 허리 지뢰 총총 숨긴 채

슬픔의 잔량
―우크라이나

소거된 폭격 소리 화면에 가득하다

화염이 솟아올라 비명도 멈췄는데

토해낸 한숨을 담아 노을이 지고 있다

애끓는 적막 앞에 돌배기 홀로 남아

어미의 먹피 엉긴 젖가슴을 더듬는다

초생의 글썽한 달이 자꾸만 돌아본다

손가락 셋, 경례!

연락처 혈액형을 팔뚝에 적어놓고

온몸을 던지는 저항의 오체투지

막다른 킬링필드로 숨 못 쉬는 미얀마

살상을 멈춰달라, 경례하는 세 손가락

바람 속 티끌*처럼 사라져간 형제들

당신이 비를 맞을 때 함께 젖는 민주여!

*kansas가 부른 팝송을 미얀마 민주화를 위해 개사한 저항의
 노래

리틀 판다*

가둘 수 없는 해가 숲속의 길을 연다

피 묻은 울음통이 소리 없이 끓어올라

순결한 꽃을 피우려 불끈 쥐는 저 주먹

목숨을 끌어안고 거리에 엎드리다

무참히 베인 하늘 아, 설핏 보인다

긴 겨울 꽃씨를 심던 빛고을의 봄언덕

---

*미얀마 군사 쿠데타에 대한 저항 운동을 일으키며 시위를 주도한 26세 청년 웨이 모 나잉의 애칭

바나나

지구의 기울기로 생각을 저울질하듯

초승 같고 그믐 같은 살갗을 벗겨낸다

달달한 살내 맡으며 네 고통을 먹는다

박쥐 순례기

빌딩 숲 불빛들이 야금야금 갉아먹은
녹음 속 보금자리 움키며 버텨내다
침방울 탁 터뜨리며 순례길에 나섰지

깃 한번 퍼덕이면 독가스가 코에 닿듯
입마개 하나가 만병통치 처방이라
세상이 다 폐업해도 인간 몸은 성업 중

성지가 따로 없네, 구석구석 참배하라
진기명기 빨았으니 침 한 방 놓고 갈까
조만간 또 찾아오리라, 변이종을 몰고서

박쥐를 내보내고

내 안 박쥐들이 오글오글 빠져나간다

귓속을 기어가는 달팽이도 사라지고

창밖은 까마귀 떼가 구름을 쫓아간다

오만도 옥생각도 다 태운 낡은 몸아

잔기침 추스르며 가시울 걷어낸다

가지에 새순 내밀자 견딘 숨이 간질하다

박제된 시詩

시조집 펼치는데 파리 한 분 앉으신다

같이 읽자 주문 걸다 책갈피 탁 덮치자

앗, 그만 입적하셨네, 종장에 방점 찍네

작품 해설

감각의 역동성과 그 파문

손 진 은 | 시인, 문학평론가

1. 감각의 파동점과 현대성

 시에서 새로운 감각이 작동하지 않으면 관습적인 사고와 시선의 틀에 갇히게 된다. 특히 정형률을 기본으로 하는 시조에는 이런 현상이 더할 수 있다. 관습적인 사고나 시선에는 생명에 잇대는 몸이 없고, 핏줄이 없고, 생명의 움직임에 대한 자각이 없으며, 따라서 에너지도 없다. 이는 현실을 다룬 시나 자연 사물을 노래한 시나 마찬가지다. 새로운 감각이 바탕이 되지 않은 상태에서 현실을 노래하는 시들에선 날것의 낱말이니 관념이 걸러지지 않고 나올 수 있고, 자연 사물을 노래한 시들에선 예상된 결말로 이르는 소박하고 단순한 서정에 머무르기가 쉽다. 시조는 가락과 미학성, 그리고 사유를 생명으로 한다는 점에서 노래이면서 문학이고, 때로는 문학이면서

철학이 되어야 하는 소명을 갖고 있다고 할 때, 그것을 가능하게 하는 것은 새로운 감각을 통해서이다. 전혀 다른 각도에서 감각이 작동될 때 시조의 현대성은 성취될 수 있다.

이런 맥락에서, 김덕남의 시를 읽는 건 기쁜 일이다. 생각건대 김덕남의 이번 시집의 시편들은 우리 시조단에서 언어미학에 민감한 자의 '감각의 파동'을 보여주는 사례가 아닌가 한다. 그의 명징하고 뚜렷한 세계는 어디서 오는가? 우선 그의 시의 문장은 낱말을 실어나르는 방식부터 다르다. 메시지 전달이 얼마나 활달하고 개성적인 감각을 수반하고 있는지를 어느 시편들을 살펴보아도 알 수 있을 것이다.

구멍을 막지 마라, 생명의 길인 것을

밥이란 목숨 위한 천부의 권리거늘

한 구멍 내어 주는 건 곳간을 지키는 길

서 생원 묘 선생도 드나드는 구멍이다

누 떼가 내달리듯 사자 갈기 휘날리듯

굶주린 벼랑 앞에선 저마다 생을 걸지
 ―「곳간의 쥐구멍 ―도산서원 고직사庫直舍를 보며」
  전문

 상식적으로 말하면 곳간은 먹을 양식을 보존하는 곳이기에 동물이나 도적이 들어와 양식을 축내는 것은 막아야 한다. 그러나 첫수에서 이 시조는 이 상식을 깬다. "구멍을 막지 마라, 생명의 길인 것을" 이 곳간(고직사庫直舍)을 짓고 식사를 준비하던 이의 마음 밑바탕, 그 배려로 달려간다. 그래서 "한 구멍 내어 주는 건 곳간을 지키는 길"이라는 역설을 성립시킨다. 이때 그 곳간은 인간의 양식을 보관하는 곳일 뿐만 아니라, 뭇 생명이 밥을 위해 드나드는 곳이 되기도 한다. 중장 "밥이란 목숨 위한 천부의 권리거늘"이라는 구절도 이 맥락에서 이해된다. 그래서 쥐구멍을 내는 것은 인간과 비인간을 넘어 세상 허기의 슬픔과 고통을 걱정하는 어진 마음이라 할 수 있겠다.
 둘째 수는 첫수와는 다르게 상황이 진전된다. 초

장에서 시인은 "서 생원 묘 선생도 드나드는 구멍이다"라는 미묘한 표현을 한다. 쥐에게 '생원', 고양이에게 '선생'이라는 경칭을 부여하면서 얼핏 우화적인 넉살로 보이게 하는 이 구절은 기실 쥐, 고양이와 생원, 선생을 차별하지 않으려는 의도성 외에도, 쥐와 고양이에게 구멍의 용도가 다르다는 것을 시인은 말하려 한다. 놀라운 것은 중장 "누 떼가 내달리듯 사자 갈기 휘날리듯"에 이르면 상상력의 원심성이 최대치에 이르면서 공간이 지구 반대편의 아프리카 사바나로 가로질러 간다는 것이다. 동물의 활동반경만 해도 구멍을 포함하는 인근 장소와 광활한 평원으로 그 차이는 엄청나다. 시인은 자기 상상력의 생태계 공간을 어느 곳을 막론하고 인간을 포함한 모든 생물이 자라고 성장하고 소멸하는, 지구 공동체의 터전으로 확장하는데, 중요한 것은 문장 역시 질주하면서 운동하고 있다는 것이다. 필자는 이를 '감각의 파동점'(The Spots of the Rippling Senses)[1]

[1] 필자는 이 용어를 '시편의 감각을 살아 움직이게 하거나 확산시키게 하여 감각의 운동이 촉발되는 부분'이라는 의미로 사용하고자 한다. 유성호 교수가 김종길의 시집을 해설하면서, 「정형 양식에서 경험하는 사유와 감각의 파동」이라는 제목을 붙인 바 있는데, 필자가 제시하는 용어와는 연관성이 없음을 밝혀둔다. 김종길, 『거짓말 구멍』, 고요아침, 2016.

이라는 용어로 명명하고자 한다. 김덕남의 좋은 시들에는 이런 감각의 파동점이 보인다. 이 시의 둘째 중장에 도저히 연결되지 않을 것처럼 보이는 폭풍같이 휘몰아치는 문장이 왜 들어갔는가? 시인은 '서 생원'을 '누 떼'에, '묘 선생'을 '갈기 날리는 사자'에 대비시키면서 내적으로 인과적인 연결을 시도하고 있는 것이다. 언뜻 일탈하는 듯 보이는 국면들을 내밀하게 닿게 하는 것. 이것이 김덕남이 감각과 묘사에서 새로이 시도하는 방식이다.

쥐에게 구멍은 곡식을 먹을 장소로 연결되고, 고양이에게 구멍은 그의 밥인 쥐를 만나는 장소가 된다. 쫓고 쫓기는 약육강식의 세계로 읽기 쉽지만, 기실은 쥐도 고양이도 "목숨 위한 천부의 권리"(첫수 중장)를 가진 존재로서 우주적 차원에서는 동등한 입장을 갖는다. 그것은 둘 다에게 '허기'는 생의 '벼랑'을 만든다는 것이다. 그러기에 "굶주린 벼랑 앞에선 저마다 생을" 거는 것이다. 구멍은 바람과 비를 포함한 여러 생물이 드나드는 통과점이지만, 굶주림의 벼랑 속 목숨이 격렬하게 운동하는 야생의 통로라는 비의를 감각을 통해 형상화해내고 있다. 역시 '허기'를 다루고 있지만, 시인의 상상력의 생태계 공간이 서남아시아와 지중해로 건너뛰어 지구 공동체의 통증을 대신 앓는 풍모를 여실히 드러내는 시편을 통해 감각의 형상화를 살펴보기로 한다.

다 헐은 보트 하나 파도에 출렁인다
부표도 등대도 없는 캄캄한 바다 복판
물집이 터질 때마다 소금물이 덮친다

꿈을 놓친 푸른 입술 허기를 물고 있다
첨버덩 울음 하나 별똥별로 떨어져도
혼신의 생을 저으면 슬픔 너머 닿을까

움푹한 동공에는 달빛이 소복하다
턱밑에 부서지는 물살에도 꽃이 피듯
한 끼니 정찬을 찾아 시리아를 넘는다
 ―「푸른 입술」전문

 화자의 시선이 원경에서 근경으로 이동하고 있는 이 시에서 시리아 내전의 기아를 피해 지중해를 거쳐 이웃 나라로 가는 난민들의 소망은 오로지 격식을 갖춘 "한 끼니 정찬" 하나뿐이다. 초장 "다 헐은 보트 하나 파도에 출렁인다"며 원경에서 출발한 이 시는, 중장 "부표도 등대도 없는 바다 복판"이라는 암울함에 놓인 난민의 막막함으로 확장되고, 종장 "물집이 터질 때마다 소금물이 덮친다"에서는 근경에서 신체의 강렬한 통각을 구체화시킨다. 제목에서 암시되듯, 그들은 이미 생명의 빛깔을 잃었다. 둘째 수는 개인의 실존과 죽음을 감각으로 드러낸다. 희망을 나타낼 법한 '푸른'이라는 형용사는 어느덧 '창백한'이라는 의미로 굴절되고, 허기에 지친 그들의 모습은 "꿈을 놓친 푸른 입술 허기를 물고 있다"로 감각화된다. 상황은 더 악화되어 중장에서는 별로 표상되는 희망을 가지고 매달린 한 사람이 떨어져 수장("첨버덩 울음 하나 별똥별로 떨어져도")되기까지 한다. 완숙한 감각 속에 담긴 비장미도 그렇지만, 그것을 곁에서 속수무책 지켜볼 수밖에 없는 이들의 숨죽인 비정과 해일 같은 통곡, 평생 지니고 다녀야 할 슬픔의 깊이를 무엇으로 잴 수 있으랴? 그럼에도 그들은 "혼신의 생을 저"어 "슬픔 너머"에 닿아야 한다. 셋째 수에 이르러 이 시는 인물의 신체(눈, 턱)를 클로즈업으로 잡아낸다. 초·중장은 이 시인의 감각이 절망에서 피워낸 수일한 꽃이다. 감각의 파동점이 여기에 작동한다. "움푹한 동공에는 달빛이 소복하다"의 눈 속으로 들어와 파닥이는 달빛, "턱밑에 부서지는 물살에도 꽃이 피듯"의 '파도꽃'을 당겨 읽는 도저한 의지는 극한의 상황에서도 절망의 틈입을 허락하지 않는다. 단 두 문장만으로 이들의 육체와 정신이 세계를 이길 소망을, 존재의 위엄을 갖추었음을 확인할 수 있다. 먹을 것을 찾아 망망한 바다라는 자연의 위협 앞에서 "다 헐은 보트"에 탄 왜소한 난민들의 실존이 아름다운 것은, 그들이 비극적 삶 앞에서도 최소한의 먹을 것("한 끼니 정찬")에 대한 가치를 포기하지 않기 때문이다.

시인은 이렇듯 이번 시집에서 공간적으로 먼 여정을 떠나기도 하지만, 작은 사물 하나가 둥근 우주로 확장되는 놀라운 상상력(「호두 속 순례」에서는 호두가 "별똥별이 날아"드는 하늘이 된다.)을 보여주기도 하고, 폐비 윤씨 문제를 미학화하고 있는 「작약 앞에서」 같이 엄청난 시간을 거슬러 올라가기도 한다. 그의 시편들에 드러난 감각의 파동점은 두드러지게 드러나는 경우도 있고, 은밀히 감추어져서 빛나는 경우도 있다. 어느 경우든 시인은 우리가 잘 인식하지 못하거나 언어화하지 못하는 것을 우리에게

새롭게 현전現前해 보임으로써 시조의 현대성에 기여하고 있다는 말이 된다.

2. 모성 -대지모신에서 무량한 연민에 이르기까지

김덕남의 시에는 참 많은 여성들이 나온다. 그 대표적인 인물은 엄마다. 김덕남 시에 나타나는 엄마는 대지모신(大地母神, mother goddess) 혹은 어머니 대지(Earth Mother)라는 속성에서 출발한다. 모든 생산물은 땅에서 얻을 수밖에 없어 어머니가 땅 그 자체나 자연 세계와 동일시될 때가 있기 때문이다. 그러나 어느덧 그 어머니, 혹은 엄마는 가족을 넘어 생명이 깃든 모든 것에 사랑과 연민을 알게 하는 원형의 모습을 띠고 있다. 엄마는 먼저 간 남편의 빈 자리를 대신해 노동에 시달리는 모습으로 나타난다.

숨구멍만 모여 사는 갯벌에 세 들었네
천천히 뱉어내는 여자의 구음처럼
한사코 기다리다 지친 엄마의 자궁처럼

햇덩이 움키려다 데어버린 청상인가
울멍울멍 해거름녘 손으로 기어가다
토해도 토해지지 않은 그림자를 끌면서

바르르 몸을 떨며 더듬이를 꺼내던
새하얀 미망인들 달빛 서로 나누며
바람의 낙서를 읽네, 멍든 삶을 말리네
—「바람집」 전문

「바람집」은 가난한 시절 이 땅 모성의 쓸쓸하고도 아픈 정경을 거느린다. 제목도 좋고 도입부도 확 끌리고 처음부터 끝까지 표현과 연결성도 좋다. 첫수 초장 "숨구멍만 모여 사는 갯벌에 세 들었네"를 읽으면 모든 생명을 키워내는 풍요로운 공간인 줄 알았다가, 이내 엄마가 알 수 없는 소리로 읊조리는 '구음'을 들으며 갯벌은 바다가 아니라 흔들리는 허술한 '바람집' 즉, 남편 따라 죽지 못하고 사는 사람들이 서로 위로하며 겨우 숨만 쉬고 살아가는 거소로서 기능하는 걸 알아차린다. 직접적인 말이 아니라 중얼거리는, 별 말이 없는 것으로 말을 삼는 그 엄마는 연민을 부른다. 연민은 적막. 고독. 슬픔. 어두

움 등과 대면할 때 나타나는 정서이다. 이 작품에서 감각의 파동점에 해당하는 구절은 둘째 수 종장 "토해도 토해지지 않은 그림자를 끌면서"이다. 이 작품의 밑그림에 해당하고 그것을 순명으로 받아들이는 한국적 모성의 원형으로 작용하기 때문이다. 엄마는 극빈의 세계이고, 침묵의 세계이고, 또 거스를 수 없는 운명에 순응하는 세계이다. 놀라운 것은 시인이 엄마와 같은 미망인들을 "기어가"고, "더듬이를 꺼내"며, "멍든 삶을 말리"는 갯벌의 이름 없는 어류 같은 생명체로 기어코 형상화시켜 내고 있다는 것이다. 이 시인의 감각은 이렇듯 절묘하다. "달빛 서로 나누"는 "새하얀 미망인들"의 삶은 땅으로 기어가야만 겨우 살 수 있다는 것을 드러내려는 의도가 들어 있는 것이다. 첫수 초장에서 시인이 굳이 '갯벌'을 사용하고 끝까지 이 계열의 동사를 사용하는 이유가 여기에 있다. 아래 시의 여성 역시 고난 중에 있다.

몽울진 왼 가슴에 메스날 지나갔다
봉긋한 바른쪽도 통째로 도려내어
정답던 가슴과 가슴 이별 없이 보냈다

젖 돌던 찌릿함이 궁벽에 닿았는가
휑하니 바람 일어 털려버린 곳간 속
생쥐가 쏠고 있는지 환상통을 앓는다

다시는 뼈저릴 일 넘어질 일 없을 거라
텅 빈 달을 안고 갈비뼈에 찍은 낙관
은입사 무늬로 새긴 몸의 내력 읽는다
-「달을 안고 사는 여자」 전문

  양쪽 가슴을 도려낸 불모의 여성을 그려낸 아픈 시를 읽는다. 상황과 맥락의 전개에 미학적 완결성이 있고, 수일한 문장을 갖추고 있으며, 한 군데도 풀어진 부분이 없다. 각 수 초·중·종장의 연결이 자연스러움은 물론, 각 수 사이의 여백도 웅숭깊다.
  첫 수에는 애이불비哀而不悲의 정서가 드러난다. 빠른 속도감을 보이는 초장 "몽울진 왼 가슴에 메스날 지나갔다"와 이어진 바른쪽 가슴을 도려낸 중장을 거치면서 "정답던 가슴과 가슴 이별 없이 보냈다"로 먹먹한 슬픔을 짐짓 차분한 어조로 서술한다. 여기에는 숨겨진 진실이 있다. 왼 가슴에 메스날이 지나간 후, 몇 년의 시차를 두고 "봉긋한 바른쪽도 통째로 도려"졌으니 서로가 잘 가라는 별사 한마디 변변히 하지 못하고 헤어졌다는 것이다. 종장은 그런 의미에서 감각의 파동점으로 작동한다.

둘째 수에서는 생명의 젖줄이 끊긴 가슴이 돌연 "털려버린 곳간" 이미지로 발상의 전환이 일어난다. 가슴은 어린 생명이 먹는 식량(젖)을 간직하던 창고이니, 빈 가슴은 곳간이 털려버린 게 아니고 무엇이란 말인가. 이런 비유와 공간의 확장을 통한 상황 만들기 능력이 그에겐 있다. 더욱 놀라운 건, 종장에서 보이는 '생쥐'가 곳간인 가슴을 물어뜯는("쏠고 있는") 환상통으로 잇는 전개 능력이다. 중장과 종장이 시의 감각의 파동점이라 할 만하다. 절단되었음에도 있는 것처럼 그 가슴은 여전히 걷잡을 수 없는 통증에 시달리고 있는 것이다.

둘째 수가 비유의 이동과 상황 만들기라면, 셋째 수는 시의 미학적 심화에 기여한다. 바른쪽 가슴을 절단하면서 불균형에서 오는 넘어짐이 없어졌다고 애써 자위하는 초장, 텅 비어 버린 가슴 MRI 검사로 갈비뼈만 덩그러니 남은 양상을 "갈비뼈에 찍은 낙관"으로 잡은 중장을 거쳐, 가슴 부분의 수술 자국 실밥 흔적을 금속 표면에 은사銀絲로 장식한 "은입사 무늬"라는 도자기 이미지로 잡아내는 세밀묘사 능력은 시의 밀도를 한층 두텁게 한다. 셋째 수 종장은 내밀하고도 수일한 감각의 파동점이라 할 수 있다.

 이 시는 그리하여 '도려낸 가슴 → 털린 곳간 → 환상통 → 갈비뼈 낙관 → 은입사'로 이미지가 이동하는 구조를 가지고 있다. 그래도 남는 여운이 있다. 제목에 나타난 '달'이다. 그것은 "텅 빈 달"이라는 불모의 가슴에 대한 비유로만 한정되지 않는다. 굳이 종교학자 멀치아 엘리아데의 이론을 빌지 않더라도 그것은 여성의 몸에 우주적 원리를 적용한 몸과 우주의 '통 이해'에 가깝다. 시인이 시의 안팎에 저며 넣는 이런 사유에 기대어 여성의 몸은 그 자체로 우주를 담고 있다고 시인은 감각하고 있는 것이다.

 여성 서사는 아래의 시에서 다른 양상으로 확장되며 깊어지는데, 이 시는 그의 감각이 묘사의 분할을 미세하게 이루어내고 있음을 알게 한다.

 퉁퉁 부은 발등에 새끼를 올린 저녁
 펼친 날개 반쯤 접어 빗줄기 막아냈다
 까만 눈 밤을 밝히며, 심지 꼿꼿 세우며

뼛속을 비워내고 왔던 길 돌아갈 때
입안이 무겁다며 틀니도 빼버리자
척추 속 가득한 바람 저리도록 시렸다

꼬리만 깐닥깐닥 숨소리 잦아들고
울대도 굳어버려 침묵이 싸늘한 밤
새끼들 오종종 모여 부의금을 세었다
-「긴꼬리딱새, 날개를 접을 때」 전문

　가난 속에서 혼자서 자식들을 건사하기 위해 헌신하다 죽은 어떤 어미의 생을 긴꼬리딱새와 새끼로 결합시켜 형상화한 작품이다. 딱새와 어미의 속성을 과하지도 부족하지도 않은 적절한 수준에서 미학적으로 분배하고 여백을 둠으로써 작품의 완성도를 높이고 있다. 구체적으로 첫수는 날개를 접어 빗줄기를 막으며 "부은 발등에 새끼를 올린" 채 밤을 지새는 긴꼬리딱새의 모습을 그린다. 노동에 시달리며 새끼들을 건사해야 했던 중년 어미의 모습이다. 둘째 수는 뼛속을 비우고 틀니마저 무거워진 노년, 속에서 나오는 찬바람으로 몸이 시린 어미의 모습이다. 셋째 수는 임종 시의 모습을, 중장까지는 긴꼬리딱새로, 종장에는 어미와 자식들의 묘사로 분할하여 그린다. 주목할 것은 긴꼬리딱새와 어미의 모성애와 죽음을 생명의 순환으로 섬세하게 표현하고 있다는 점이다. 종장 "새끼들 오종종 모여 부의금을 세었다"가 그 예이다. 별것 아닌 것 같지만 이 구절이 들어감으로써 확연한 개성을 가진 시가 되었다. 초·중장의 임종의 순간과 종장의 늦은 밤의 상가 풍경은 얼마나 달라지는가. 그것은 바로 슬픔 이후 남겨진 새끼들이 슬픔에 무너지는 게 아니라, 영악한 듯 보이지만 산 사람은 살아야 한다는 현실 직시의 세태인식으로 드러난다. 몸 바쳐 헌신한 어미와 자식의 대비되는 태도, 셋째 수 종장이 이 시의 감각의 파동점이라 할 수 있다.

김덕남 시의 어미들을 포함한 여성들은 끝없이 희생하며 모진 고난을 뚫고 세상을 건너간다. 그들은 여성 차별을 이겨내고 "투명한 날개를 펼쳐 유리천장 뚫는"(「유리창나비」) 강인함을 가졌다. 물론 "숨 한 번 고를 새 없이 삭은 몸을 지피다" "입 벌린 밑창을 끌며 발의 설움 달래는"(「실버 택배」) 정년 이후의 남성을 그린 시도 있다. 그러나 중요한 건 요즘 세대들에 대한 인식인데, 현실을 이겨나가는 그들의 삶에 무한 신뢰를 보이고 있다는 점은 주목할 만하다. 시인은 앞서 언급한 모성의 연장선상에서 젊은이들에 대한 넓고 자애로운 품을 가지고 있는 것이다.

3. 대지의 울림과 푸른 영혼들의 설렘

젊은 세대가 걸어갈 길에 놓인 것은 힘든 세파와 결핍일 것이다. 오히려 이 결핍은 스스로 현실의 신산을 헤쳐나가야 할 의지와 결단을 촉구하기도 한다. 시인은 젊은이들이 걸어가야 할 대지의 평탄하지만은 않은 지면 아래는 그들을 들어올릴 음악이 내장되어 있다는 상상력을 발휘한다.

시간의 음계가 발밑에서 솟는다

한 걸음 터치하면 미로를 탐색하듯

어둑한 새벽을 딛고 인턴들이 달린다

두 걸음 내디디면 역광에 눈이 찔려

어버버 살아가다 오금이 저려와도

사리와 조금 사이로 달 하나를 품는다

고래등 올라타려 인파를 헤쳐간다

앞태도 뒤태도 반음계 올린 하루

발끝을 힘껏 내밀어 문고리를 당긴다
―「피아노 계단」 전문

"시간의 음계가 발밑에서 솟는다." 군더더기 없는 이 첫수 초장은 보면 볼수록 신선하고 의미 또한 무궁해진다. 시인은 지금 "어둑한 새벽을 딛고" 달리는 사회라는 곳에 첫걸음을 내디딘 젊음, 인턴들을 보고 있는데, 그들의 발밑에서 '시간의 음계'가 솟아오르는 것을 본다. 계단은 앞으로 그들이 올라가야 할 "미로"이자 캄캄한 앞길인데, 그것을 밟는 발끝에서 꿈틀거리는 시간이 솟아오른다는 것이다. 그것은 고통이라는 것에도 알고 보면 음악이 흐르고 있다는 역설이다. 이는 그들이 힘든 계단을 오르면 오를수록 발밑의 대지도 그들을 들어올려 준다는 인식이 있기에 가능한 일이다. 둘째 수에도 삶의 계단을 오르는 그들의 길에는 "역광에 눈이 찔"리고, "오금이 저려"오는 시련이 있지만 그 굴곡의 높낮이("사리와 조금") 사이에도 여전히 어둔 존재를 환히 밝혀주는 자연의 은총("달 하나")을 품기도 한다. 셋째 수는 청춘의 역동성으로 꿈틀거린다. 그들은 "고래등 올라타려 인파를 헤쳐간다." '고래등'이라는 말이 이 시에 가지는 울림은 의외로 크고 깊다. 그 등에 올라탄 젊음들은 균형을 잡기 위해 기우뚱거리며 무수한 시행착오를 거듭해야 할 것이기 때문이다. 이렇듯 섣부른 화해를 시도하지 않기에 그들의 젊음은 소중하다. 그러기에 셋째 수 초장이 시의 감각의 파동점에 해당한다. 아닌 게 아니라 이 부분부터 이 시는 상승한다. 그들과 발을 들어 올려주는 계단의 힘으로 하루도 "반음계 올"려지고, 내민 발끝이 드디어 새로운 출구인 "문고리를 당"기게 되는 것이다.

 이런 역동성은 다음 시에서 '가벼움'이라는 특징적인 면모로 갱신되는 지점을 만나게 된다.

은반 위 날갯짓은 암호의 메시지야

난바다 물살 헤쳐 기억 밖을 엿보다

포르릉 고요를 깔고 발끝에 힘을 주지

점프든 스핀이든 내 몸은 회오리야

대롱 끝 더듬이로 그리움에 불을 켜다

빙판에 몰아치는 해일, 그 끝에서 춤을 추지
—「내 혈액형은 나비야」 전문

'정靜'과 '동動'의 미학이 균분되어 나타난 시다. 첫째 수에서 화자인 은반 위 피겨스케이팅 선수 소녀는 가벼운 "날갯짓" 복장을 하고 "난바다 물살"이라는 현실을 헤쳐 밖을 엿보는 표정은 정적이 수반된다. 한없이 느긋하고 여유로운 이 표정은 그러나 "포르릉 고요를 깔고 발끝에 힘을 주"는 데 집중하기 위한 것이다. "은반 위 날갯짓은 암호의 메시지"인 것이다. 소녀는 스스로를 "점프"와 "스핀"으로 "회오리"로 만들다가, 온몸이 말리는 "대롱"이 되기도 한다.

  이 시는 "빙판" 같은 세상에, "몰아치는 해일"이라는 삶의 파고를 가벼움으로 팔랑거리며 타고 넘는 예지를 보여준다. 소녀 화자의 시점에서 나긋한 어조로 피겨스케이팅의 연속적인 순간들을 묘사하고 있지만, 실상은 나날의 성장과 재탄생을 기꺼이 감행하는 젊은이의 자기 서사라고 할 수 있다. 해일 끝에서 춤을 추는 것은 젊음의 책무이자, 이 세계의 공격성을 가벼움으로 날려버리겠다는 의지가 아니고 무엇이겠는가. 그것을 시인은 '내 혈액형은 나비'라는 예기치 못한 발상으로 형상화하고 있는 것이다. 다 신선하고 역동적인 감각으로 이루어져 있지만, 굳이 감각의 파동점을 찾는다면 둘째 수 종장, "빙판에 몰아치는 해일, 그 끝에서 춤을 추지"가 될 것이다. 이런 감각이 무르익어 최고조로 차오르는 지점에 놓인 시가 「문워크moonwalk」이다.

  껍질 벗은 날개들이 앞을 가듯 뒤로 간다
  한 뼘의 유혹으로 발바닥 미끌리며
  쿵 쿵쿵 심장을 돌려

꿈을 밟는 스텝 스텝

작열하는 일탈이다, 꽃들의 반란이다
쓰리 디 영상 속을 거꾸로 들어가듯
골반의 지느러미로
크로스 크로스 퀵! 퀵!

중력을 거부하고 달빛 속 유영하듯
바닥을 몰아치면 절망도 날아가지
마법의 뒤꿈치 들고
별을 찾아 댄스 댄스
—「문워크moonwalk」 전문

 발을 앞으로 내딛는 듯 보이나 미끄러지듯 뒤로 가는 이 춤을 통해 제도와 관습의 굴레를 가볍게 거스르는 젊은 영혼들("껍질 벗은 날개들")의 "작열하는 일탈"과 "반란"을 노래한다. 각 수마다 우리는 감각과 사유가 얼마나 대범하고 경쾌하게 몸과 공간을 가로지르는가를 즐거이 확인할 수 있다. 첫수에서 시인은 뒤로 가야 더 추진력을 얻는 역설의 에너지를 "심장을 돌려/ 꿈을 밟는 스텝"이라 묘사한다. 둘째 수의 역동적인 춤사위에서는 이 '심장'이 '지느러미'로 변신하여, 교차하며 나아간다("크로스 크로스 퀵! 퀵!"). 셋째 수에서는 "바닥을 몰아치면"서 "절망도 날"리고 "별을 찾아"가는 뒤꿈치의 "마법"을 그리는데, 이 '별'은 우주 공간이기도 하면서 절망 반대편 희망의 상징으로도 읽힌다. 감각의 파동점으로 작용하는 각 수의 종장은 조류(날개)와 어류(지느러미), 인간(뒤꿈치)으로 경계를 자유롭게 건너뛰는데, 이 감각이 바닥에서 출발하여 달빛과 별에까지 이어지는 광활한 공간을 끌고 다니다 다시 돌려놓는 원심성과 구심성까지를 갖추고 있기까지 하다. 이 작품은 시인의 감각이 얼마나 무르익었는가를 보여주는 증표가 될 수 있을 것이다.

4. 시조단에 던지는 감각의 역동성과 파문

김덕남의 시는 어디서 어떤 이미지가 나올지 예측할 수 없는 감각을 갖추고 있다. 그것은 예기치 않은 곳에서 발상의 전환과 사물의 이면을 더듬는 감각의 촉수를 보여주기 때문이다. 필자는 그것을 '감각의 파동점'이라는 말로 명명하였거니와, 그 파동점은 읽으면서 바로 피부에 와 닿기도 하고, 때로는 쉽게 드러나지 않으나 내밀히 시행에 스며 있는 묘사로도 확인된다. 이는 시인이 새로이 시도하는 부분으로. 우리 시조단에 새로운 미학을 선사하는데, 시인이 가진 소중한 덕목이요 현대성이다. 김덕남 시의 감각과 그 감각이 수반하는 사유가 얼마나 독창적이며 대범하고 광활하게 뻗어나가면서도 얼마나 자연스럽게 모이는지는 인용되지 않은 시편들을 통해서도 확인할 수 있을 것이다.

시인의 감각 근원은 '시조로 하는 말'에서 드러나듯 "땡볕과 작달비에/ 맨몸을 드러"낸 고난의 현실과, "일월이 불을 지펴/ 과일을 익혀"낸 서정 사이의 균형 의식의 산물이라 할 수 있다. 시인은 치열하게 살아 있는 시대정신과 그 시인만이 드러낼 수 있는 고유한 감각을 작품 속에 깊이 녹여내고 있는 것이다. 이런 감각의 촉수는 "내 안에 물구나무서며 천리 밖을 떠"(「시인 증후군」)도는 감각의 갱신 의지에서 기인한다. 구체적으로는 시인이 밤새도록 컴퓨터 자판, 그 막막한 허공 앞에 앉아 어느새 "적산가옥"이 되어버린 몸을 쥐가 "갉아먹는"(「쥐」), 육체의 소멸과 해체를 감행하는 고독한 시 쓰기 과정에서 단련

되어 육화된 감각이니 어찌 소중하다 아니 할 수 있으랴.